Valentina Badasch

# Anti- Motivatoren sind keine Zerstörer, sondern Schöpfer

## Wie lassen sich Lebenshindernisse in großartige Anreize verwandeln?

## Band 1

## Das Umdrehen von Anti-Motivatoren

*Gehe ritterlich durchs Leben –
auf edle Weise, aber in Rüstung.*

Copyright: © 2020 Valentina Badasch

Verlag und Druck:
tredition GmbH
Halenreie 40-44
22359 Hamburg

978-3-347-03756-4 (Paperback)
978-3-347-03757-1 (Hardcover)
978-3-347-03758-8 (e-Book)

Bibliografische Information der Deutschen Nationalbibliothek:
Die Deutsche Nationalbibliothek verzeichnet diese Publikation in der Deutschen Nationalbibliografie; detaillierte bibliografische Daten sind im Internet über http://dnb.d-nb.de abrufbar.

# Inhalt

# Vorwort

Das Leben ist wie ein Kaleidoskop von Episoden, in denen wir leben. Die Episoden, die wir in Eile erlebt haben, sind schnell vorbei. Es gibt jedoch viele Hindernisse im Leben, und je nachdem, wie wir sie überwinden, werden Fehler wiederholt oder in starke Motivatoren verwandelt, dank derer wir uns verändern, stärker, stabiler, klüger werden und keine ähnlichen Fehler mehr machen.

Die Fehler, die wir nicht transformieren konnten, können wiederholt werden. Wenn wir also negative Episoden, die im Folgenden als *Anti-Motivatoren* bezeichnet werden, überarbeiten müssen, dann ist das nichts anderes als eine Fehlerberichtigung, eine Korrektur.

Ich möchte gerne über die Rolle der Anti-Motivatoren in meinem Leben und dem Leben meiner Mitarbeiter, meiner Freunde und Bekannten sprechen. Über die Erfahrungen, die ich durch die Überwindung ihres Einflusses gesammelt habe, um eine authentische Person zu bleiben und mich weiterzuentwickeln.

Es war sehr beängstigend, dies öffentlich zu machen, doch ich habe meine Hemmungen überwunden und dieses kleine Buch geschrieben, in der Hoffnung, dass es vielleicht dem einen oder anderen Leser hilft, sich unangenehmen Fragen und deren Beantwortung zu stellen, die die eigene Persönlichkeit betreffen.

Mittlerweile bin ich eine gestandene und wohlhabende Frau mit einer glücklichen Familie, Mutter von zwei erwachsenen, gebildeten und sozial verträglichen Kindern. Ich absolvierte das College, die Universität, machte meine Abschlussarbeit, unterrichtete Studenten und arbeitete viele Jahre lang erfolgreich in der Wirtschaft als Analystin und Senior-Managerin.

Die größte Freude und den größten Respekt von Studenten und Kollegen habe ich während meiner Tätigkeit als Dozentin an der Universität erhalten. Wir mussten im Laufe zahlreiche Hindernisse und Probleme überwinden, insbesondere innere Prüfungen meistern. Manchmal wiederholten sie sich und wir mussten neue Lösungsansätze suchen.

Mittlerweile bin ich sicher, dass alle inneren Blockaden aufgehoben und beseitigt werden können.

In diesem Buch versuche ich, hemmende Glaubenssätze aufzulisten, die die Persönlichkeit und Charakterbildung behindern. Auch zähle ich Varianten der Transformation in *Super-Motivatoren* auf, die eine überraschend schöpferische Wirkung ausüben. Es geht um einen langzeitlichen Überblick über die Wirkung von Anti-Motivatoren als Zerstörer von Persönlichkeit in verschiedenen Altersgruppen sowie Möglichkeiten, sie in Super-Motivatoren zu verwandeln.

Aber wie genau ist das möglich? Ich habe im Laufe meines Lebens viele verschiedene Transformationsmethoden getestet und wählte jeweils die effektivsten und konstruktivsten aus, die ich in diesem Buch vorstelle. Ich fasse die Arten, Gruppen und Ursachen von Anti-Motivatoren zusammen und beschreibe ihre Neutralisierung durch die Transformation in Super-Motivatoren, die letztlich die eigene Leistung verbessern und Wiederholungen derselben Fehler blockieren.

Ich wünsche den Lesern, dass sie die Anregungen dieses Buches erfolgreich für sich umsetzen können.


Walentina Andreewna Lyadowa

# Die zu überprüfenden Anti-Motivatoren

## Anti-Motivator Nr. 1

### Das Bewusstsein der Situation, die Zeit und der Ort, wo man geboren wurde und wo man lebt

Ich erinnerte mich eines Tages daran, dass ich an einem Neujahrsmorgen verängstigt war, als ich eine große Pappmaschee-Maske eines Hahnes sah, die auf dem Kopf eines Mädchens thronte, das sich hinter dem Rock seiner Mutter versteckte. Ich war damals etwa vier Jahre alt und erschrak bei dieser Erinnerung, da ich nicht verstand, wovor ich damals Angst hatte. Es handelte sich um eine unbestimmte Angst, die sich damals meiner bemächtigt hatte. Ich fürchtete mich vor so vielen Dingen und litt an Existenzängsten, denn wir waren sehr arm. Ich erinnere mich auch, dass ich schon damals erkannte, dass ich nicht so leben wollte – unbestimmten Ängsten ausgesetzt, die jederzeit auftreten konnten, und arm, der Willkür des Lebens ausgesetzt wie ein Blatt im Wind. Später erkannte ich, dass das nicht so bleiben musste, dass ich es ändern konnte, ich musste nur herausfinden, wie es am besten zu bewerkstelligen war.

Ich wurde mir dessen glücklicherweise schon sehr früh bewusst und begann, mich und die Welt sehr aufmerksam zu beobachten und Rückschlüsse zu ziehen, um meinen Ängsten und Blockaden auf den Grund zu gehen und die Ursache für meine Gesamtsituation herauszufinden. Bei vielen Menschen dauert es Jahre, bis sie so weit sind, ihre Situation tatsächlich zu erkennen und sich dem zu stellen. Viele finden überhaupt keine Antwort darauf, warum es ihnen schlechter geht als anderen, was in ihrem Leben nicht stimmt, und flüchten sich in Alkohol und Drogen.

Deshalb möchte ich meine Schlussfolgerung teilen: Suchen Sie nicht nach einer Antwort auf die Frage »Warum?«, sondern suchen und finden Sie Antworten auf die Frage »Was ist zu tun«?, um aus den Bedingungen, unter denen Sie geboren wurden, herauszukommen. Wachsen Sie intellektuell und persönlich, wechseln Sie den Job, suchen Sie nach einem Ort, an dem Sie und Ihre Lieben sich wohlfühlen werden. Fügen Sie sich nicht in Ihr Schicksal, sondern nehmen Sie es aktiv in die Hand.

**Seien sie aktiv!**

Aus dieser Erkenntnis ist ein großer Wunsch entstanden, geradezu ein Drang. Ich habe alles verschlungen, was es an Wissenswertem gab, direkt nachdem mir klar geworden war, dass ich durch wissen meine Grundsituation ändern konnte. Ich habe dafür schon mit viereinhalb Jahren Lesen gelernt, so groß war der Wunsch nach Veränderung.

**Folgerung:** Ein Anti-Motivator – die Geburt in Armut und begrenzte Möglichkeiten – sind zu einem kolossalen Superstimulus der Entwicklung geworden.

# Anti-Motivator Nr. 2

## Intellekt, Niveau und Einfluss der Umgebung

Eltern, Großeltern und andere nahe Verwandte, die wir in der Kindheit bedingungslos lieben, haben großen Einfluss auf unser Heranwachsen, positiv wie negativ. Wir sind auf diese Kommunikation mit Personen aus dem engsten Interessenkreis angewiesen und ihnen damit in gewisser Weise ausgeliefert. Sobald man aber in der Lage ist zu erkennen, wo dieser Personenkreis, dieses Umfeld einem Grenzen setzt, muss man beginnen, nach anderen Möglichkeiten für die persönliche Entwicklung zu suchen, insbesondere dann, wenn das Umfeld nicht mit einem mitwachsen will, sondern vorzugsweise verharrt und progressive Tendenzen ausbremst oder gar unterbindet.

**Folgerung:** Verwandte bleiben Verwandte, aber einige werden zwangsläufig herausgefiltert. Es besteht eine Notwendigkeit und ein Bedürfnis, an der eigenen Entwicklung zu arbeiten, dabei muss man alle Hindernisse aus dem Weg räumen, auch wenn es die eigene Verwandtschaft ist. Der Weg zu Schule, höherer Schule, Studium oder Ausbildung mit oder ohne Stipendium etc. muss von einem selbst freigemacht werden, wenn es sonst keiner tut. Wer aufgibt, hat bereits verloren.

Die Anti-Motivatoren im näheren Umfeld müssen ausgeräumt werden, auch wenn es geliebte Verwandte oder Freunde sind: Wer einen nicht unterstützt, muss aus dem Weg gehen.

Ich hatte die Wahl, nach dem College als Lehrerin an einer Hauptschule, als Sozialpädagogin oder an einer Universität tätig zu sein und Sozialwissenschaften zu studieren, um später selber an der Universität zu lehren. Ich liebte es, Erwachsene zu unterrichten, die sich bewusst für einen Beruf entschieden hatten und bereit und in der Lage waren, sich helfen zu lassen, und habe mich für diesen Weg entschieden. Ich entschied mich für die Entwicklung, den Fortschritt und den Aufstieg auf der Wissensleiter.

# Anti-Motivator Nr. 3

## Die Familie und die Umstände, in die man hineingeboren wurde, und ihre Möglichkeiten

Ich hatte also schon als Kind ein Bewusstsein darüber, in welcher Lage ich mich befand und dass ich diese ändern konnte. Daraus ergab sich für mich, dass ein eher harter, anstrengender Lebensweg vor mir lag, der mir geistig und körperlich viel abverlangen würde. Wie ein japanisches Sprichwort sagt: *Schnell ist langsam, aber ohne Unterbrechungen.*

So verging meine Kindheit, bis ich 15 Jahre alt war. Meine Mitschüler, die mehrheitlich ohne materielle oder familiäre Sorgen geboren und aufgewachsen waren, nahmen ihre Situation als gegeben hin, bemühten sich um einen schnellen steilen Aufstieg, aber viele von ihnen schafften es nicht, einige brannten schon sehr früh aus. Sie hatten einen guten Start ins Leben erhalten, aber sie konnten ihre Chance nicht nutzen. Ihnen fehlte das Bewusstsein für ihre Situation, für sich selbst in der Situation und damit die Fähigkeit, sich anzupassen. Sie hatten von Anfang an eine gute Situation und waren nicht darauf vorbereitet, dass sich das ändern könnte.

Einem meiner Studienkollegen aus einer sehr wohlhabenden Familie wurde zwei Jahre nach seinem Abschluss angeboten, einen vierteiligen spektakulären Film zu produzieren. Er hatte keine besonderen Leistungen im Studium vollbracht, hatte das Ganze eher lustlos hinter sich gebracht, aber er lebte sehr intensiv, hatte viel Affären, bekam einen Sohn, aber nahm ihn nicht an, sondern vergnügte sich weiterhin. Sein Geld reichte nicht aus für diesen Lebensstil und so griff er zu, als man ihm den Job als Filmproduzent anbot. Er hatte wenig Ahnung und konnte mit Geld nicht umgehen, die einfachsten Grundsätze der Buchhaltung waren ihm fremd. Seine Schwächen waren seinen Auftraggebern aber wichtig, denn eigentlich diente der Film nur der Geldwäsche.

Der Film wurde zur Zufriedenheit aller fertiggestellt, meinem damals erst 42-jährigen Studienfreund erging es schlecht: Er erlitt eine Ganzkörperlähmung und nach acht Jahren dahinsiechen verstarb er unglücklich. Es war ihm nicht gelungen, sich selbst und sein Leben zu erkennen und dadurch in den Griff zu bekommen, er blieb das Opfer der Umstände, ein Blatt im Wind …

# Anti-Motivator Nr. 4

## Lebensumfeld und persönliche Situation

Wenn Sie Ihr Lebensumfeld, Ihren sozialen Status und Ihre finanzielle Situation ändern möchten, ändern Sie sich selbst!

*Sind Sie mit dem Klima und dem kargen Land nicht zufrieden – verändern Sie den Boden, machen Sie ihn fruchtbar – investieren Sie in das Land, auf dem Sie leben, bauen Sie einen Garten an oder wechseln Sie Ihren Wohnort.*

Vergleichen Sie, unternehmen Sie etwas, werden Sie aktiv!

## Anti-Motivator Nr. 5

### Von Geburt an arm

Die Armut von Geburt an, hat mich dazu ange-
spornt, die Beste in Bildung und Sport zu sein. Alles andere bringt einen nicht weiter.
Ich wuchs stark, zäh, schlank, aber nicht schön auf.
Dank meiner Erfolge hatte ich Neider. Die wohlha-
benderen Mädchen waren nicht gut auf mich zu
sprechen, weil ich trotz meiner Armut auch nicht
gegen Bezahlung bereit war, ihnen bei Hausaufga-
ben und Prüfungen etc. zu helfen.
Diese Nebenaspekte meines Erfolges gefielen mir
nicht, aber sie taten mir gut. Wie heißt es so schön?
*Es ist besser, der Feind eines guten Mannes, als der
Freund eines schlechten Mannes zu sein.* Ich kann-
te dieses Zitat damals nicht, aber ich wollte nicht
mit Faulpelzen und Nichtnutzen befreundet sein.

**Folgerung:** Feinde und Neider sind die besten Lehrer, solange Sie keine Emotionen an sie verschwenden, sondern ruhig Ihre Schlussfolgerungen ziehen
und sich entsprechend entwickeln.

Mein Hauptmotiv und der Antrieb für den Rest
meines Lebens waren die Worte meiner Mutter am

ersten Schultag: »Lerne gut, und dann kannst du mich vor deinem versoffenen Vater retten.« Mamas Worte wurden für mich zu einem Schlüsselwort!

Aus der Not heraus schickte mich meine Mutter nach der Schule an ein pädagogisches College, wo ich Philosophie, Politikwissenschaft und Weltwirtschaft studierte. Nach dem erfolgreichen Abschluss konnte ich auf Empfehlung des Lehrerkollegiums *Volkswirtschaftslehre* an der Universität studieren. Meine Mutter glaubte jedoch nicht, dass ich das schaffen würde. Doch genau das, dieser Anti-Motivator, wurde für mich zum entscheidenden Ansporn, mich durch ständige Arbeit weiterzuentwickeln und zu verbessern.

Ich schaffte, trotz der Befürchtungen meiner Mutter, das Studium zum Lehrer für Volkswirtschaftslehre, erstellte eine Dissertation und erlangte die Anerkennung von Kommilitonen und Kollegen. Darüber hinaus erhielt ich eine Anstellung als Managerin in einem namhaften privaten Unternehmen. All das schaffte ich trotz der Anti-Motivation meiner Mutter – sie war zu meinem Super-Motivator geworden.

# Anti-Motivator Nr. 6

## Die Bedeutung der Berufswahl

Das Leben kann sehr schwierig werden, wenn man den falschen Beruf wählt.

Ich bewarb mich auf eine Stelle in einer Behörde und wurde nach dem Einstellungsgespräch auch prompt eingestellt. Innerhalb eines Monats war ich mit meinen Aufgaben in der Finanzabteilung vertraut und konnte dementsprechend effizient arbeiten. Ich begann meinen Kollegen Hilfe anzubieten, habe aber nur negative Reaktionen bekommen. Mir wurde gesagt, dass das wie ein Versuch aussähe, zu zeigen, dass meine Kollegen langsamer arbeiten als ich und deren Leistungsbewertung zu verschlechtern.

Der Abteilungsleiter hat die Situation jedoch für mich positiv bewertet und meinen höheren Leistungsumfang mit einer Gehaltserhöhung belohnt. Aber ich musste ein weiteres Jahr auf eine Beförderung warten. Es gab eine Menge geregelter Kleinarbeit und es war schwierig, sich zu profilieren.

**Folgerung:** Es ist nötig, sich mit der erworbenen Ausbildung in unterschiedlichen Fachbereichen zu versuchen, um herauszufinden, was einem am meisten liegt, denn die diversen Tätigkeitsbereiche unterscheiden sich hinsichtlich der Anteile an Kreativität, Vorschriften, Teamwork etc.

**Nur wenn Sie Ihr Potenzial kennen, können Sie, und nur Sie, die richtige Wahl treffen!**

# Anti-Motivator Nr. 7

## Unsicherheit

Lassen Sie uns als Nächstes herausfinden, warum man oftmals nicht das bekommt, was man wollte.

Die meisten von uns haben als stärksten Anti-Motivator Verlustängste. Die Angst, einen Teil der gesellschaftlichen Stellung zu verlieren, die benötigt wird, um den eigenen Platz in der Zukunft zu stärken.

Ich glaube, Vertrauen in die Stärke der eigenen Persönlichkeit kann nur durch das Vertrauen in sich selbst erreicht werden. Um zu bekommen, was Sie wollen, müssen sie etwas von dem, was sie bereits haben, aufgeben. Wenn Sie sich an das klammern, das sie bereits haben, bekommen Sie nichts anderes mehr hinzu. Dies gilt sowohl für das Geschäfts- als auch für das Privatleben: Eigentum, Fähigkeiten, Verantwortlichkeiten und Beziehungen.

Folglich ist die Angst, die eigene Stellung zu verlieren, ein sehr starker Anti-Motivator, die Angst, das zu verlieren, was Sie bereits haben. Um diese Angst erfolgreich überwinden zu können, müssen Sie sich ihr stellen und über sie reflektieren. Alle Beziehungen, Fähigkeiten und Kenntnisse erfordern eine gewisse Aufmerksamkeit, sonst werden Sie diese unweigerlich verlieren. Wenn Sie nicht loslassen, kann es keinen Raum für neue Erfahrungen geben!

Doch der eigentliche Anti-Motivator ist die Angst vor dem Scheitern. Lässt man sich davon lähmen, kommt man nicht weiter. Je weiter man bereits gekommen ist, desto größer die Angst, an der nächsten Hürde zu scheitern oder gar daran zu scheitern, das Erreichte zu erhalten. Diese Angst ist irrational und willkürlich, sie muss überwunden werden, sonst ist der Rückschritt vorprogrammiert.
Tun Sie das, wovor Sie am meisten Angst haben, und Sie werden die Angst besiegen. Lesen Sie diese Worte nach Möglichkeit später noch einmal durch. Eines Tages, wenn Sie bereit und in der Lage sind, diese Angst zu besiegen, werden Sie die Bedeutung dieser Worte besser verstehen und auch etwas anders erkennen: *Wenn du deine Angst nicht besiegst, besiegt sie dich.* Das kann man aber nur erkennen, wenn man sie überwunden hat, als *Besiegter* erkennt man es nicht.

Bereiten Sie sich sorgfältig vor, mache stellen sie dich der Angst und werden sie sie auf diese Weise ein für alle Mal los. Wenn man zurückblickt, scheint es eine einfache Sache zu sein. Wenn Sie die eine Angst beherrschen, werden Sie es einfacher finden, mit der nächsten umzugehen. Aber nicht jeder gewinnt den Kampf beim ersten Versuch. Machen Sie sich bereit dafür, es notfalls immer wieder zu versuchen.

Wie viele Leute kennen Sie, die es nicht einmal versucht haben, weil sie Angst haben, einen Rückschlag zu erfahren? Wenn Sie diese Ratschläge annehmen und sich zu eigen machen, wird sich dieser Aufwand hundertfach für Sie bezahlt machen. Ändern Sie Ihre Einstellung und sagen Sie sich: *Ich bin zu begierig, in Zukunft erfolgreich zu sein, um wegen irgendwelcher Ängste darauf zu verzichten.*

# Anti-Motivator N8

## Unsicherheit

Definieren Sie Ziele und geben Sie sich nicht mit Kompromissen ab, sonst werden Sie nie erfolgreich. Sie verlassen die Mittelmäßigkeit an dem Tag, an dem Sie sich für den Erfolg entscheiden, Ihre nächste Erfolgsstufe definieren und festlegen. Der durchschnittliche Mitarbeiter trifft eine solche Entscheidung in der Regel nicht. Wenn Sie diese Entscheidung erst mal getroffen haben, werden Sie mit Misserfolgen anders umgehen.
Fragen Sie sich jeden Tag: »Was habe ich heute richtig gemacht?«

*Der Erfolgreiche macht weiterhin das, was er bisher richtig gemacht hat. Er gibt nicht auf, wächst über sich hinaus und gewinnt am Ende. Seine Siege häufen sich und alle Zweifel lösen sich durch die Kraft der positiven Überzeugung auf.*

Fragen Sie sich von nun an nicht mehr: »Was mache ich falsch?«, sondern: »Was mache ich heute richtig?«
Wer vom Erfolg überzeugt ist, stärkt sein Selbstwertgefühl und seine gute Laune. Fremde Menschen können einem dann nichts mehr anhaben.

# Anti-Motivator Nr. 9

## Leiden durch Veränderung

Warum verunsichern uns Veränderungen? Wir trauern um den Verlust von Gewohnheiten, wir leiden unter der Ungewissheit ... Die Erklärung ist es sehr einfach: Wir wollen keine Veränderungen, weil wir mit ihnen fast instinktiv das Altern verbinden.

Wenn wir uns nicht verändert hätten, wären wir jung geblieben – das ist die verzweifelte und berührende menschliche Hoffnung. Man kann die Manifestationen dieser sinnlosen Hoffnung bei jungen und alten Menschen sehen. Sie tragen oftmals Kleidung, die vor 5 oder 25 Jahren aus der Mode gekommen ist, die sich an veralteten Ansichten oder Manieren klammern, die hartnäckig an Methoden festhalten, die in längst vergangenen Zeiten wirksam waren.

Aber die Welt verändert sich ständig weiter. Die unvermeidlichen Wandlungskräfte machen das Altbewährte irgendwann unrentabel und fegen diejenigen von der Lebensbühne, die sich nicht verändern. Wir können uns dem Wandel entgegenstellen und dabei sogar vorübergehende Siege erringen, aber wir können den Kampf nicht gewinnen.

*Entweder wir ändern uns oder wir verlieren: Wer Erfolg haben will, vermeidet einen Kampf nur dort, wo er nicht gewinnen kann.*

Anstatt unüberwindbare Gewalt zu bekämpfen, kann man diese nutzen, um zu gewinnen. Wandel führt dann zum Erfolg. Kämpfen Sie nicht gegen Veränderungen, sondern lassen Sie diese für sich arbeiten. Machen Sie es sich zur Gewohnheit, neue Dinge auszuprobieren, auch wenn Sie es nicht müssen. Sagen Sie sich jeden Tag, dass Sie schnell neue Ideen erkennen können, dass Sie gerne mit neuen Ansätzen arbeiten, dass Sie ständig dazulernen, sich ändern und weiterentwickeln. Sie müssen natürlich Ihren eigenen Worten glauben und zu einem Teil Ihres Seins machen.

Jede Veränderung bedeutet auch Leiden. Veränderungen von außen sind in der Regel viel schmerzhafter als die eigenen inneren Veränderungen. Anstatt einfach darauf zu warten, dass eine weitere Axt der Veränderung über sie herfällt, werden Sie lieber zum Schöpfer der positiven Veränderung und verbessern dadurch Ihr Leben, denn der Schmerz jeder Veränderung wird vergessen, wenn man ihre Vorteile erkennt. – Das gilt für jede Veränderung.

Das Leiden, das durch die Veränderung verursacht wird, wird vergessen, sobald wir mit der Arbeit beginnen. Die Freude an der effektiven Gestaltung des eigenen Lebens überwiegt alle Unannehmlichkeiten.

# Anti-Motivator Nr. 10

## Zweifel am eigenen Erfolg

Hat man erkannt, dass man sich und seine Situation ändern kann, kann es passieren, dass man sich zu viel vornimmt, dass die Ziele zu hoch gesteckt werden und Zweifel an ihrer Erreichbarkeit auftauchen. Man muss auch hier, sich selbst gegenüber, in der Lage sein, flexibel zu reagieren, falsche Zielsetzungen zurückzunehmen und Erfolgsaussichten stets nüchtern zu bewerten.

Wer Erfolg haben will, vermeidet es, dort zu kämpfen, wo er nicht gewinnen kann. Anstatt unüberwindbare Hindernisse zu bekämpfen, kann man diese nutzen, um zu gewinnen. Wandel wird dann zum Erfolg.

# Anti-Motivator Nr. 11

## Teamplayer oder Einzelkämpfer

Sie müssen allein oder mithilfe von Beratern entscheiden, ob Sie in der Lage sind, effektiv im Team zu arbeiten, oder ob Sie eher unabhängig von anderen Ihr maximales Potenzial ausschöpfen können.

Wenn Sie die Parameter nicht rechtzeitig für sich selbst definieren, kann das Einschlagen des falschen Weges zu verheerenden Folgen führen und so zum belastenden Anti-Motivator werden.

Es im Team zu versuchen, obwohl man dafür nicht geeignet ist, ist genauso schädlich, wie es alleine zu versuchen und mögliches Teampotenzial zu verschwenden. Es ist aber unbedingt zu vermeiden, die Erkenntnis durch Versagen zu treffen, besser findet man es vorher raus.

# Die provokativen
# Anti-Motivatoren

## Anti-Motivator Nr. 12

### Unterordnung

Ich hatte mich mal während meiner Zeit als Senior-Spezialist in Abwesenheit des Abteilungsleiters über dessen Vorgaben während seiner Abwesenheit hinweggesetzt, und ein paar Analysen durchgeführt bzw. Veränderungen angeregt, die mir dringend nötig erschienen. Eigentlich wäre es seine Aufgabe gewesen, dies zu tun, aber aus mir nicht bekannten Gründen war das nicht erfolgt. Nach seiner Rückkehr bekam ich einen schweren Rüffel von ihm, weil ich seine Anweisungen nicht beachtet hatte. Der Direktor lobte mich jedoch, da er diese Analysen bereits vor längerer Zeit angefordert und bisher vergeblich darauf gewartet hatte. Ich hatte Glück und wurde in eine andere Abteilung befördert, statt dem Zorn des übergangenen Abteilungsleiters ausgesetzt zu sein.
Ich habe daraus gelernt, dass ich mich nicht einfach unterordnen kann, wenn die Anweisungen aus mei-

ner Sicht unsinnig sind. Daraus ergab sich, dass ich als Untergebene nicht glücklich werden konnte und daher immer die Position der Vorgesetzten anstreben musste.

Also habe ich den Anti-Motivator *Unkontrollierbarkeit* in einen Super-Motivator *–Chefin werden –* verwandelt, womit ich sehr erfolgreich war.

Um mich zu stärken und Kräfte für die Neutralisierung von Anti-Motivatoren zu sammeln und diese in Bausteine meiner eigenen Entwicklung zu verwandeln, interessierte ich mich einmal für verschiedene Methoden wie Atemtechniken, Yoga, Meditation, Joggen etc. zur Kräftigung und Abhärtung. Ich habe alles Mögliche ausprobiert und diejenigen ausgewählt, die zu mir passen, je nach Stimmung, Prozess, Dauer und Effektivität.

Ich bin sehr beeindruckt von den Möglichkeiten, an sich zu arbeiten, um die physische Stärke des Körpers, die Gehirnaktivität und die Bereitschaft zur Kreativität zu steigern. Es funktioniert. Suchen Sie die für Sie geeignete Technik und arbeiten Sie auch körperlich an sich – nicht zu hart, es darf nicht zum Selbstzweck werden. Aber denken Sie immer daran: Ein gesunder Geist lebt in einem gesunden Körper. Für Ihren Erfolg brauchen Sie beides.

# Anti-Motivator Nr. 13

## Altlasten aus der Vergangenheit

Die Last schwerer Erinnerungen aus Kindheit, Jugend etc. kann zu einem problematischen Anti-Motivator werden. Gefühle oder Schmerzen von erlittenen Demütigungen oder Misserfolgen, Misshandlungen oder Ungerechtigkeiten können zu massiven Blockaden werden, die einen belasten, ohne zu nützen. Überwinden Sie sie, lassen Sie die Vergangenheit hinter sich. Ein solides Gebäude der Gegenwart und Zukunft kann auf dem alten Fundament nicht errichtet werden. Daher ist die Vergangenheit in der Dynamik der Entwicklung meist eine Bremse.

Die Zukunft kann aber auch nur als Strategie, als globaler Entwurf betrachtet werden. Aber ohne die alltäglichen Bausteine der Gegenwart wird es kein Gebäude der Zukunft geben, so wie es auf dem alten zerbröckelnden Fundament der Vergangenheit kein starkes Gebäude der Gegenwart geben kann.

Auf dieser Grundlage ist die Vergangenheit als Anti-Motivator zu betrachten und nur ihr aufgearbeiteter Teil kann verwendet werden. Vergangenheit und Zukunft sind in gewissem Maße Anti-Motivatoren, weil die Vergangenheit als unrealistisch wertvoll in Erinnerung bleibt und sich daher zurückzieht. Die Zukunft sieht auch unrealistisch schön aus, und beide vorübergehenden Begriffe können eine destruktive Rolle spielen.

Wie kann man dem vorbeugen? Gestalten Sie ein helles, produktives, konstruktives, positives Leben in der Gegenwart, was die Zukunft wirklich näher bringt und die Erinnerungen an die Vergangenheit verblassen lässt. Ziehen Sie daraus Ihre Schlüsse und gehen Sie weiter zur besseren Zukunft.

Es gibt ein gutes Sprichwort: *Wenn Sie die Tür für die Zukunft öffnen, vergessen Sie nicht, die Tür für die Vergangenheit zu schließen, damit die Gegenwart von der Zugluft nicht eingesogen werden kann.* – Sehr wahr!

# Anti-Motivator Nr. 14

## Neid als grundsätzliches Problem

Die Basis des Neides ist die eigene Minderwertigkeit, die unzureichende Einschätzung eigenen Potenzials. Einer neidischen Person bereitet der Erfolg anderer Schmerzen.

Andererseits bestimmt Neid weitgehend das soziale Wesen eines Menschen. Neidische Menschen versuchen, die Leistungen anderer abzuwerten und suchen nach einer Rechtfertigung für den mangelnden Erfolg in ihrem eigenen Leben.

Schützen Sie sich nicht nur vor dem Neid anderer, schützen Sie sich vielmehr davor, zum Neider zu werden. Wenn Sie mit etwas unzufrieden sind, dann suchen Sie die Schuld nicht bei anderen, erwarten Sie nicht von anderen, Ihr Leben in Ordnung zu bringen, sondern machen Sie sich stets klar, dass es allein Ihre Sache ist. Wenn Ihnen Ihr Job nicht gefällt, suchen Sie sich einen anderen, das Gleiche gilt für Wohnung, Auto und Partner.

In manchen Fällen ist Neid ein bisschen wie ein Gefühl der Bewunderung, das Sie mit Freude erfüllen und motivieren kann. Es ist wichtig, zu verstehen, dass Menschen ihre Träume meist durch tägliche harte Arbeit und Selbsteinschränkung verwirklichen. Bewunderung für die Leistung anderer, auch als Ansporn, ist völlig in Ordnung. Aber Neid, richtiger, echter Neid ist immer Zerstörung und der Hauptgrund für Neid ist Hochmut.

Der einzige Weg, sich vor fremdem Neid zu schützen ist, sich zu distanzieren. Wenn Sie den Neider erkannt haben, müssen Sie sich sofort von dieser Person distanzieren. Neid zerstört alles: hier, jetzt und für die Zukunft.

Ich kenne jemanden, der im Vergleich zu mir geradezu leicht durchs Leben geschwebt ist. Sie hat halbherzig studiert und qualifizierte sich gedankenlos für einen Beruf, der ihr überhaupt nicht lag. Doch in dieser Branche gab es nur wenige Frauen und es war recht einfach, dort einen Mann aus einer wohlhabenden Familie zum Heiraten zu finden. Ihr Ehemann vergötterte sie, aber es schien ihr, dass er nicht so gut war und nicht so viel verdiente wie andere. Sie verglich ihn mit anderen, nicht sich selbst. Sie selbst machte es sich weiterhin leicht. Sie las einmal einen Gebäudeplan falsch und einer ihrer Untergebenen starb, weil sie ihm falsche Informationen gegeben hatte. Das Gerichtsverfahren überstand sie, doch sie trug einen Herzinfarkt von der Geschichte davon.

Nach dieser Tragödie wechselte sie den Beruf und machte mit 40 Jahren eine geisteswissenschaftliche Ausbildung.

Die Zeit verging, die Kinder verließen das Haus und meldeten sich nicht mehr so oft, wie angenommen. An diesen nicht so freudigen Tagen begann sie zu verstehen, dass es niemanden gab, der zuverlässiger war als ihr liebender Ehemann. Sie begann mit erheblicher Verzögerung, ihn zu schätzen.

Die Zeit hat ihren Stolz und den von ihr erzeugten Neid besänftigt. Sie hatte Glück, dass es noch nicht zu spät für sie war, zu verstehen und zu ändern.

# Anti-Motivator Nr. 15

## Alkoholismus

Viele Jahre lang lebte ich mit dem zerstörerischen Druck des Alkoholismus, erst mit meinem Vater, dann mit meinem Mann.

Ich bin in einer Familie aufgewachsen, in der dieses Problem allgegenwärtig war, mein Vater ein Trinker, bei der Arbeit streitsüchtig und zu Hause tyrannisch. Wir drei Kinder und Mutter hatten große Angst vor ihm, wenn er betrunken war, und flüchteten dann zu Freunden und Verwandten. Wir Kinder haben von Kindheit an Ekel vor dem Alkoholismus, Angst vor dessen Folgen und Mitleid mit unserem Vater mit uns herumgetragen. Er starb früh bei einem Unfall, mit 35 Jahre. Natürlich war er dabei betrunken; mit ihm starb ein unschuldiger Mann, der Vater eines Kommilitonen von mir.

Man soll nicht schlecht über die Toten sprechen, aber hätte er überlebt, hätte er vermutlich irgendwann meine Mutter umgebracht und unsere Kindheit vollends zerstört. Wir sind auch so schon mit einem Kindheitstrauma ins Leben getreten.

Es wäre gekommen, wie es meistens kommt, denn fast alle Alkoholiker beschränken sich nicht darauf, sich still und leise zu betrinken und dann ins Bett zu gehen. Sie lernen, auch im Delirium wach und auf den Beinen zu bleiben und agieren ohne klaren Verstand. Mit der Zeit dringen sie immer weiter in den Lebensraum ihrer Lieben ein und zwingen ihre Angehörigen, ihre Sauferei in der einen oder anderen Form zu teilen. Einige akzeptieren die Regeln des Tyrannen und fangen an, sich selbst zu betrinken – das ist, was meinem Bruder passiert ist –, andere nehmen den Kampf auf – wie ich und meine Mutter. Am häufigsten findet dieser Kampf seinen Ausklang in einer Tragödie, so wie bei uns.

Das Leben mit einem Alkoholiker ist schwierig und gefährlich. Es ist ein ständiger Stress, der physisch und psychisch zerstört. In Familien von Trinkern gibt es viele Selbstmorde von Frauen und Kindern, wegen der Verzweiflung und der Schwere der psychischen Belastung. Es kann ein Gefühl der Hoffnungslosigkeit, der Hilflosigkeit entstehen.

Im Alter von 12 Jahren bat ich meine Mutter, ihn zu verlassen und mit uns in einen anderen Ort umzuziehen, wo er uns nicht finden würde. Als meine Mutter aus Angst und Sorge, ob sie alleine drei Kinder großziehen könnte, ablehnte, sagte ich, dass ich aufs College gehen würde. Ich wäre lieber halb verhungert, als in Angst zu leben.

Später wurde mir klar, dass dieser Akt eines verzweifelten Mädchens mir die Möglichkeiten aufgezeigt hat, die schwierigsten potenziell zerstörerischen Situationen zu überwinden und zu lösen.

# Anti-Motivator Nr. 16

## Die Zeit

Zeit ist irreversibel und unvermeidlich, sie vergeht schnell, sie fehlt ständig, manchmal jedoch dauert sie lange und wir können etwas nicht erreichen oder vervollständigen oder wir wissen im Gegenteil nicht, womit wir sie füllen können.

Die Festlegung dieser Parameter kann zu Stress und Depressionen führen. Daher ist die Fähigkeit, Ihre Wahrnehmung der Objektivität im Laufe der Zeit anzupassen, sehr wichtig, und erfordert, dass Sie Ihr eigenes Leben unter Berücksichtigung dieser Objektivität und Ihrer potenziellen Fähigkeiten, die jeder von uns besitzt, organisieren. Damit die Zeit nicht zerstörerisch werden kann, muss man sich mit ihr anfreunden oder, wie ich es tue, sich mit ihr abstimmen, eben mit ihr zurechtkommen. Das bedeutet, dass Sie in einem angenehmen Rhythmus leben müssen und nicht vergessen dürfen, dass *schnell* eigentlich *langsam* ist *ohne anzuhalten.*

Wenn Sie sich adäquate Aufgaben stellen, können Sie schon jetzt in einem für Sie angenehmen Rhythmus leben, obwohl das sehr relative Begriffe sind. Wenn wir uns oft in der Festlegung der Fristen für die Durchführung unserer Aufgaben irren, durchkreuzen wir unsere Pläne und erschweren es uns. Hier sind Sorgfalt und Realismus gefragt.

Die Zeit hat gezeigt, dass Schicksal und Glück immer auf der Seite von demjenigen stehen, der das Ziel kennt und darauf zustrebt. In einem weisen Sprichwort heißt es: *Man hilft demjenigen Pferd, das selbst auf den Berg hinaufgeht.*

# Anti-Motivator Nr. 17

## Leben in der Emigration, die Abweichung in Religion und Mentalität

Als Anti-Motivator gilt auch das Leben in einem Auswanderungsland oder einem fremden Teil des eigenen Landes, der sich in Kultur, Sprache, Mentalität, Religion usw. erheblich unterscheidet. Auf einige Menschen können solche Besonderheiten des Wohnsitzes depressiv wirken, bei anderen Interesse und Neugierde hervorrufen die, wenn man bleiben will oder muss, zu Super-Motivatoren für die eigene Entwicklung werden können. Wenn Sie es schaffen, in einem anderen Land zum *Einheimischen* zu werden, können Sie sich zu Recht selbst loben. Dies sind ernsthafte Belastungstests und die Ortsansässigen schätzen in der Regel diejenigen, die ihre Lebensweise wertschätzen.

**Folgerung:** Indem sie Ihr Leben gestalten, behalten Sie die Kontrolle, ohne an Qualität zu verlieren.

# Anti-Motivator Nr. 18

## Meinungen von Bekannten und Verwandten

Das Paradoxeste ist, dass die engsten und teuersten Menschen, die uns lieben, die größten Anti-Motivatoren sein können. Dies geschieht meist aus den besten Gründen, nämlich dem Versuch, uns vor Problemen und Enttäuschungen zu bewahren, statt einen zu unterstützen und zu erlauben, es zu versuchen und Fehler zu machen, die Verantwortung für eigene Unternehmungen selbst zu tragen. Doch durch ihr Eingreifen, ihr Schützenwollen, unterbinden sie die Initiative. Jeder muss selbst entscheiden, ob er auf derlei gut gemeinte Ratschläge hört, ich jedenfalls teile die Menschen in diejenigen, sich stoppen lassen, und diejenigen, die ihre Ziele unbeirrt verfolgen. Dies schließt nicht aus, das eigene Vorgehen kritisch zu hinterfragen und hilfreiche Hinweise anzunehmen. Es können aber nur Anregungen sein, eine eigene Entscheidung zu treffen oder diese zu überdenken, keine aufgezwungenen Entscheidungen, die unhinterfragt übernommen werden. Ich glaube, dass gerade die Qualität der Entscheidungsfindung es mir ermöglicht hat, eine erfolgreiche Karriere ohne schmutzige Intrigen und mit gutem Gewissen zu machen, um ein Profi zu werden, der in jedem Bereich und zu jeder Zeit von Wert war und sein wird.

Wenn Sie also Ihre gutmeinenden Verwandten, die Sie dazu zwingen, alles im Auge zu behalten, anzuzweifeln und zu überdenken, nicht verärgern und enttäuschen wollen, dann arbeiten Sie Ihre Entscheidungen sorgfältig aus und nehmen sie sich berechtigte Kritik zu herzen. Wenn Sie eine Entscheidung getroffen haben, dann stehen Sie dazu und tragen Sie die Verantwortung dafür, auch dann, wenn die Entscheidung darin bestand, den Rat eines anderen anzunehmen: Es war Ihre Entscheidung, also müssen Sie sie auch verantworten, nicht der, der Ihnen geraten hat.

# Anti-Motivator Nr. 19

## Altersbedingte Veränderungen

Leider ändern sich die Menschen manchmal mit dem Alter und nicht immer zum Besseren. Wenn sich dabei Partner auseinanderleben beziehungsweise aneinander vorbei entwickeln, kann das die gemeinsam geplante Zukunft mitunter zerstören. Man kann dann versuchen, rechtzeitig gegenzusteuern, wieder aufeinander zuzugehen und die gemeinsame Zukunft neu zu planen, aber oft ist es schlicht nicht möglich, weil zum Beispiel die Interessenlage völlig unterschiedlich ist. Gemeinsam nebeneinander her zu leben ist eine Möglichkeit, aber vermutlich unbefriedigend, sich zu trennen eine andere, die aber oft finanzielle und organisatorische Probleme nach sich zieht.

Oft stellt man aber auch für sich selber fest, dass man sich nicht so entwickelt hat, wie erwartet. Vielleicht hat man angenommen, mit dem Ruhestand zufrieden zu sein, ein paar harmlose Hobbys zu pflegen und die Natur zu genießen, stellt dann aber fest, dass einen das nicht erfüllt. Dann muss man so konsequent sein, sich eine neue erfüllende Aufgabe zu suchen, was heutzutage glücklicherweise nicht sehr schwer ist, denn ehrenamtliche

Helfer werden überall gesucht und Lebens- sowie Berufserfahrung ist hoch willkommen.

# Anti-Motivator Nr. 20

## Ungesunde Neugier anderer

Es gibt eine Menge Leute, die zu neugierig sind, weil sie selber nur ein ereignisleeres Leben führen. Verwandte, Bekannte, Nachbarn und Kollegen interessieren sich mitunter zu sehr für das Leben anderer und bauen dahingehend sogar eine Erwartungshaltung auf, was dazu führt, dass Unmut entsteht, wenn man sich nicht erwartungsgemäß verhält. Solche Leute können sich natürlich nachteilig auf das Erreichen Ihrer Ziele auswirken.

Um den destruktiven Einfluss solcher antimotivierten Personen auszugleichen, können folgende Schritte unternommen werden:

* Solchen Leuten aus dem Weg gehen bzw. den Kontakt reduzieren oder sogar abbrechen, wenn sie zu aufdringlich werden.

* Überlegen, ob es sich um gut gemeinte Ratschläge handelt, die überdacht werden sollten, oder unerwünschte Einmischung, die keinen Mehrwert darstellt, insbesondere bei Verwandten.

* Sie selber nicht mehr zum eigenen Leben äußern und Einblicke erschweren. Dabei kann es sinnvoll sein, die Freigaben der Social-Media-Kanäle zu prüfen und dort gegebenenfalls Beschränkungen einzurichten.

# Anti-Motivator Nr. 21

## Willensschwäche

Die Unfähigkeit, eigene Ziele zu formulieren und zu befolgen, die Anfälligkeit für den Einfluss fremder Meinungen und allgemeine Schwäche und Wankelmütigkeit sind einem bestimmten Typ von Menschen eigen. Diese Art von Schwäche kann in Extremfällen zur Zerstörung der Gesundheit, Einengung und sogar zum Verlust des sozialen Umfeldes führen, weil so jemand uninteressant beziehungsweise unzuverlässig ist und für gemeinsame Aktivitäten oder Planungen unattraktiv. Eine willensschwache Person ist außerdem sozial verwundbar und für Betrüger etc. zugänglicher.

Es ist schwer, so etwas an sich selbst zu erkennen und sich einzugestehen, aber je früher das geschieht, desto besser. In der Regel finden sich Freunde und Verwandte, die einen darauf aufmerksam machen und dann meist auch bereit sind, einem bei der Bewältigung dieses Mankos zu helfen, denn man kann den eigenen Willen trainieren uns ich selbst zu mentaler Stärke entwickeln.

Die Frage, ob es sich um eine erworbene oder eine angeborene Charaktereigenschaft handelt, gehörte nicht zur Aufgabe dieses kleinen Buches, sondern gehört in die Hände professionelle Psychologen. Ich werde hier aber die Erfahrung teilen, diese zerstörerische Charakterschwäche – im Wesentlichen ein Anti-Motivator – in eine supermotivierende Eigenschaft umzuwandeln.

In meinem Leben gab es Verwandte oder Angestellte, die jemand empfahl, die dahingehend beurteilt werden sollten. In solch einer schwierigen Situation ist es erwünscht, beim Interviewen oder Beobachten zu verstehen, ob zum Beispiel Schwäche oder schlichte Faulheit vorliegt. Eine Möglichkeit, die tatsächliche Schwäche zu verwandeln, besteht darin, das Interesse auf die Wahl eines Berufs zu richten, der genau das Gegenteil von Qualität ist, mit Dienst und Arbeit in streng reglementierten Bereichen wie beim Militär, Dienst der Polizei, Rettungsorganisationen, Feuerwehr usw. Diejenigen, die aus sich einen willensstärkeren Menschen machen wollen, sollten sich für Karriereentwicklung, finanzielle Aspekte, Achtung in der Gesellschaft, Dienst am Menschen usw. interessieren. Eine solche Arbeit wird dazu beitragen, Interesse an der Teilnahme an Risiken und Extremsituationen zu wecken und dabei zu helfen, die persönlichen Qualitäten der Person zu entwickeln und neu zu formen.

# Anti-Motivator Nr. 22

## Fake News

Wir leben im Informationszeitalter – das ist eine unbestreitbare Tatsache, die den Fortschritt antreibt. Aber jede Medaille hat zwei Seiten.

Jeder von uns ist täglich, freiwillig oder unfreiwillig, einem großen Informationsfluss unterschiedlicher Qualität ausgesetzt – konstruktiv, positiv, motivierend, transformierend, destruktiv und ... das Gehirn verunreinigend.

Es ist wichtig, zu verstehen, dass die Medien auch ein Geschäft sind, eine kommerzielle Angelegenheit, daher ist auf diesem Markt alles vorhanden, was von irgendjemand konsumiert werden könnte. Sie haben die Wahl, was Sie lesen, schauen, hören, aber denken Sie daran, dass das Wort ein sehr mächtiges Werkzeug für die Bildung psychologischer Einstellungen ist.

Wie kann man schädliche destruktive Informationen erkennen oder sich vor ihnen schützen? Die Versuch-und-Irrtum-Methode geht natürlich immer, aber ich möchte Ihnen meine Schlussfolgerungen und Möglichkeiten der Informationsverarbeitung mitteilen:

Betrachten Sie Informationen grundsätzlich kritisch, auch wenn es sich um eine Ihnen vertraute Quelle handelt. Sie sollten niemals darauf verzichten, eine Information auf ihren Sinn- und Wahrheitsgehalt hin zu prüfen, zum Beispiel durch Recherche in alternativen Quellen. Achten Sie auch auf den Ton und die Art der Aufbereitung, ist eine Information eher wie ein Verkaufstext aufbereitet, muss man sich fragen, was (welche Meinung, Idee etc.) einem denn da verkauft werden soll.

Aber nicht jeder möchte sich selber eine Meinung bilden. Natürlich ist es einfacher und schneller, diese von anderen zu übernehmen. Aber selbst wenn man der Quelle vertraut, zum Beispiel einer bestimmten Zeitung oder Online-Seite, so gibt man damit die Hoheit über die eigene Meinung ab. Das ist ein sehr tief greifender Schritt, der enorme Konsequenzen haben kann und daher trotz allem immer wieder gut überlegt sein will.

# Anti-Motivator Nr. 23

## Hyperpragmatismus

Pragmatismus ist die Ausrichtung auf praktische Ergebnisse. Das ist eigentlich ganz vernünftig, weil Pragmatismus im beschleunigten Rhythmus des gegenwärtigen Lebens auf kürzestem Wege zum Ziel führt.

Der einfach, also völlig emotionslose Pragmatismus macht einen Menschen zu einer Art Roboter. Das Ergebnis steht über allem, unabhängig von den Folgen. Hyperpragmatismus hingegen ist die Anfälligkeit, eigenen praktischen Interessen zum persönlichen Gewinn zu folgen. Hyperpragmatismus geht über Leichen und zerstört alles, um eigene Ziele zu erreichen.

Es wird geglaubt, dass ein pragmatischer Geist normalerweise für Männer charakteristisch ist, aber die Zeiten ändern sich und jetzt haben Mädchen und Frauen das männliche Geschlecht darin übertroffen, was ihnen geholfen hat, führende Plätze nicht nur in der Kultur, sondern auch in der Politik einzunehmen. Damit wird Pragmatismus immer verbreiteter und der Hyperpragmatismus nimmt immer mehr zu. Eine hyperpragmatische Lebenseinstellung wird aber früher oder später vom Leben bestraft, weil es dabei wie im Krieg weder Sieger noch Verlierer gibt, sondern nur Opfer.

Achten Sie darauf, dass Sie nicht hyperpragmatisch werden, und gehen Sie solchen Menschen lieber aus dem Weg.

# Anti-Motivator Nr. 24

## Manipulation

Manipulationen sind allgegenwärtig, jede Werbebotschaft ist im Grunde ein Manipulationsversuch. Aber ab einem gewissen Grad ist Manipulation inakzeptabel. Man muss ich vor ihr schützen beziehungsweise von den jeweiligen Manipulatoren befreien, wenn man zum Beispiel feststellt, dass man ausgenutzt, vorgeschoben oder zum Teil einer Inszenierung gemacht wird.

**Folgerung:** Am besten verwandelt man Manipulationsversuche, die Anti-Motivatoren sind, in Super-Motivatoren, indem man sich in eine so selbstbewusste und starke Person verwandelt, die für Manipulation weder anfällig ist noch sich davor scheut, manipulative Menschen aus dem eigenen Einflussbereich zu entfernen.
Möglichkeiten, sich in eine starke unabhängige Persönlichkeit zu verwandeln, werden am Anfang des Buches beschrieben.

# Anti-Motivator Nr. 25

## Die bremsende Schutzhülle

Sich in eine sichere Umgebung zu begeben, sei es die Familie oder eine andere Gruppe, kann bequem sein, fordert aber in der Regel Tribut, zum Beispiel in Form von Anpassung, die für die eigene Entwicklung hinderlich ist. Während Sie sich entwickeln, merken Sie es im Idealfall irgendwann und ärgern sich über die Verzögerung, die dadurch verursacht wurde, und über diesen vermeintlich schädlichen Einfluss des betreffenden Umfeldes. Aber die Wahl lag und liegt letztlich bei Ihnen. Sie müssen die Sicherheit, die ein solches Umfeld bieten kann, gegen die eventuelle Verlangsamung Ihrer Entwicklung abwägen. Wählen Sie daher, wenn möglich, einen sozialen Kreis, der Ihre geistige, kulturelle, moralische und soziale Aufwärtsbewegung fördert.

Schwierigkeiten auf Ihrem Entwicklungspfad können bedeuten, dass es möglicherweise besser ist, zur vorherigen Stufe zurückzukehren und Sie können dies sogar tun. Stellen Sie jedoch zuvor sicher, dass das tatsächlich die sinnvollste Variante ist, bevor sie Brücken hinter sich abreißen.

# Anti-Motivator Nr. 26

## Trittbrettfahren und Schnorrer

Jeder ist schon mal einem solchen Menschen begegnet. Die Schwierigkeit besteht manchmal darin, so jemanden rechtzeitig zu erkennen. Gelingt das nicht, kann das zu einer frustrierenden und mitunter auch teuren Erfahrung werden.

Die einfachste Form ist der Schnorrer. Je höher sie gesellschaftlich finanziell stehen, desto eher werden Sie dieser Sorte Mensch begegnen und lernen, solche Leute zu erkennen. Meist werden Sie um angebracht scheinende Hilfe gebeten, nachdem eine persönliche Beziehung hergestellt wurde, doch die Hilfe wird dann schnell mal ausgenutzt und kann sich zu einer endlosen Geschichte entwickeln. In anderen Fällen werden Sie einfach als Vehikel zum sozialen oder beruflichen Weiterkommen missbraucht, was nicht minder schändlich ist und für einen selbst oft negative Konsequenzen nach sich ziehen kann, wenn andere sich zum Beispiel beschweren, wen man ihnen da empfohlen hat.

Trittbrettfahrer und Schnorrer nutzen Ihre Vorteile – Geld, Einfluss, Besitz, Fähigkeiten, Wissen –, um mit möglich geringem eigenen Einsatz Ziele zu erreichen, von denen Sie in der Regel nichts haben.

Sie geben nichts zurück, sie übernehmen keine Verantwortung und sie verursachen gewissenlos Schäden, solange sie nicht selbst davon betroffen sind. Hier hilft nur Abstand. Wie bei Manipulatoren (letztlich sind Schnorrer ja nichts anderes), muss man sich durch persönliche Stärke wappnen, um nicht zum Opfer solcher Menschen zu werden.

# Anti-Motivator Nr. 27

## Multitasking und das Gegenteil: Monoprofiling

Multitasking ist ein Begriff, der in letzter Zeit gerne verwendet wird, um die Eigenständigkeit zu definieren. Ehrlich gesagt verstehe ich nicht, und möchte nicht verstehen, wie man in einem sozialen Gefüge eigenständig sein kann. Was ist denn das? Autonomes Schwimmen in der Gesellschaft? Es ist jetzt auch in Mode, unter Multitasking-Bedingungen zu sprechen, zu bewerten und auf Stressresistenz zu testen ... Mit diesen schönen Begriffen versucht man, die Lücken und Hauptmängel im Management zu schließen.

Haben Sie je eine Kassiererin in einem Supermarkt gesehen, die durch den Raum lief, um Waren für einen Kunden abzuholen? Wohl eher nicht, das würden Sie auch nicht erwarten. Und das ist nur die Kombination von lediglich zwei Funktionen ... Die Situation des Multitaskings, die Notwendigkeit, in kurzer Zeit oder gleichzeitig mehrere Aufgaben oder Funktionen auszuführen, kann in einer extremen Situation auftreten wie einer Krise, dem plötzliche Fehlen mehrerer Mitarbeiter, Instabilität an den Börsen etc. In der Regel ist jedoch sinnvollerweise vorgesehen, Entscheidungen unter solchen

Bedingungen nur von einem begrenzten Kreis dafür vorgesehener Personen treffen zu lassen.

Es stellt sich heraus, dass die Fähigkeit, unter Multitasking-Bedingungen zu arbeiten, die Qualität ist, die von hochkarätigen Spezialisten, Abteilungsleitern und Spitzenverdienern in Unternehmen und Konzernen gefordert wird. Das sind enorme Belastungen, aber diejenigen, die auf dieses Niveau gestiegen sind, sind nicht aus Stahl. Es darf jedoch bezweifelt werden, dass Multitaskingeigenschaften tatsächlich relevante Kriterien bei der Personalbeurteilung sein sollten.

Nicht weniger destruktiv für die Integrität des Einzelnen und ein ernsthafter Anti-Motivator ist eine langfristige Monoprofilarbeit, eine lange Reihe sich wiederholender Vorgänge je Zeiteinheit, zum Beispiel Arbeiten in einer Baugruppe.

Dies sind eintönige und unattraktive Jobs, die daher häufig an Migranten fallen, deren Auswahlmöglichkeiten eingeschränkt sind. Das qualifiziert sie jedoch keineswegs für diese Art von Arbeit, sie sind meist einfach nur gezwungen, die Arbeit anzunehmen. Das Ergebnis ist, dass sie oft scheitern, verletzt werden, beim Arbeitgeber Schaden anrichten und zusätzliche soziale Belastungen verursachen. Für einen solchen Job ist es zum Beispiel angemessen, alle Bewerber auf Stressresistenz zu prüfen.

# Resümee

Wie viele Anti-Motivatoren kann man in seinem Leben haben? Und wie viele Menschen können solch zerstörerische Belastungen über die Dauer ihres Lebensweges ertragen? Dabei muss man das überhaupt nicht ertragen. – Sie müssen das nicht ertragen! Es ist notwendig, Hindernisse und Barrieren im Leben zu akzeptieren, ohne sich passiv zu verbiegen, aber man kann sie sinnvoll in Anreize für die persönliche Entwicklung umwandeln.

Je aktiver ein Mensch lebt, desto mehr solche Ereignisse, Probleme und Situationen, die eine Neubewertung und Ausarbeitung für das eigene Wachstum, die eigene Weiterentwicklung erfordern, entstehen auf seinem Lebensweg.

**Folgerung:** Das Leben ist das Funktionieren des Universums, in dem Sie, ich, wir alle ein integraler und unersetzlicher Bestandteil sind.

Das Universum ist unendlich, und damit ist unser Funktionieren in einer lebendigen Form ebenfalls unendlich, solange wir die Aufgaben erfüllen, seine Kontinuität aufrechterhalten. Das heißt: Wir entwickeln uns kontinuierlich weiter und keine Anti-Motivatoren in irgendeiner Form – Umstände, Bedingungen, Menschen, Gefühle etc. – werden uns daran hindern, als Teil einer kontinuierlichen Entwicklung erkannt zu werden, während wir uns dessen bewusst sind und vorankommen.

Hören Sie auf sich selbst, Ihr Gewissen, Ihre Intuition, Ihre Gefühle, Ihr Herz – sie werden Ihnen helfen.

Versuchen Sie, in einer Gesellschaft mit einer bestimmten Moral und allen oben aufgeführten Rahmenbedingungen und Einschränkungen Sie selbst zu sein. Jeder Mensch ist zutiefst individuell und durch seine Individualität interessant und im Wesentlichen einzigartig.

Es sind immer viele Berater da, leider, aber unter ihnen gibt es möglicherweise viele Leute, die wirklich ein persönliches Interesse an Ihrem Weiterkommen haben.

Jeder hat seine eigene Meinung, sein eigenes Leben und seine eigene Vision, aber man sollte sich bewusst sein, dass wir diejenigen, die Ratschläge und Empfehlungen geben, oft nicht wirklich kennen. Stärken Sie Ihr Selbstbewusstsein und nehmen Sie sich das Recht, jeden einzelnen Ratschlag zu hinterfragen, und zwar auf seine Eignung für Ihr persönliches Weiterkommen.

Die Bedeutung der Umwandlung von Anti-Motivatoren in Super-Motivatoren ist nicht nur der Wunsch, lange und gut zu leben, sondern ist es der Wunsch, mit Vergnügen zu leben und jeden Tag und jeden Moment wertzuschätzen.

Die Schritte der Umwandlung sind das Erkennen, Verstehen, Akzeptieren, Verarbeiten oder die Umwandlung selbst und die Befriedigung des Prozesses sowie das Ergebnis dieser wichtigen Arbeit an sich. Darüber hinaus können Ihre Beobachtungen von Menschen, die in Ihrer Nähe leben und arbeiten zu wichtigen Lehren im Leben werden, denn jede Beobachtung und Kommunikation mit anderen bringt Ihnen neue Erfahrungen.

Über dieses und das andere Thema, das in dieser Arbeit nicht enthalten ist, wollen wir uns in der Fortsetzung befassen.

Zeitfracht Medien GmbH
Ferdinand-Jühlke-Straße 7
99095 Erfurt, Deutschland
produktsicherheit@kolibri360.de